青少百詩傳

趣味唐詩60首

子陽 著

前言

在中國歷史上，詩歌最鼎盛的時期可說是唐代了，我們今天精選中國歷史上最膾炙人口的古詩，以唐代為首選。這些古詩，每一首都有經典之處，千百年來為人們津津樂道。

只是對現在的中小學生而言，中國古詩有些晦澀難懂，雖然它們是經典之作，但礙於時間和精力有限，許多學生錯過了品味中國歷史上最值得推崇的時刻。

古詩是中國留給全世界文化的瑰寶，它們其中折射出的意境，會讓人回到過去，體味當時的風雲和變遷。每首古詩都可說是一部史冊，閱讀古詩也就是和中國最源遠流長、最為光輝燦爛的文化接通。

不過，古詩畢竟不像白話文那麼簡單，很多學生會對其避而不見。那麼，該怎樣培養熱愛古詩的情感呢？我認為，按照學生的閱讀能力，以故事的形式讓他們潛移默化愛上古詩，是不錯的做法。

本書精選 60 首經典唐詩，還另闢蹊徑告訴讀者這些古詩是怎樣形成的，也就是作者如何寫出這些古詩，並通過小故事向讀者娓娓道來。相信讀者一定會愛上閱讀這些古詩的！

子陽

目錄

中唐時期

晚唐時期

初唐時期

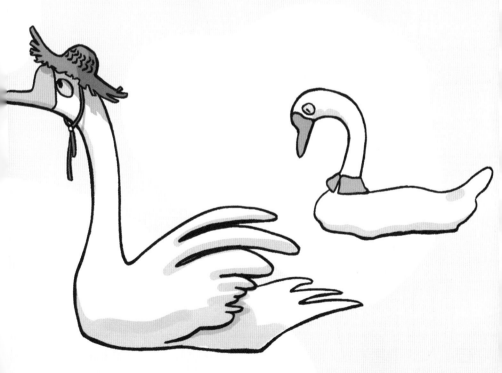

《詠鵝》
駱賓王

鵝，鵝，鵝，曲項向天歌。

白毛浮綠水，紅掌撥清波。

📖 小故事

駱賓王生於一個偏僻的小村莊，村外有一口小池塘。每到春天，塘邊柳絲飄拂，池水清澈見底，水上鵝兒成群，景色格外迷人。有一天，村裏來了位客人，見七歲的駱賓王聰明伶俐，就想出道難題，為難他一下。客人想：這個小娃娃家境貧寒，一定沒讀過多少書，我讓他作詩，他肯定作不出來，於是他走到池塘邊，指着正在池塘裏的白鵝對駱賓王說：「你能夠以池塘裏的白鵝作一首詩嗎？」沒想到駱賓王只是略加思索，就回答：「當然沒問題！」於是緩緩地吟出了這首《詠鵝》。

❓ 釋義

鵝啊鵝，彎着脖子朝天空唱歌。
潔白的羽毛漂浮在碧綠水面上，紅紅的腳掌撥動着清清水波。

《送杜少府之任蜀州》
王勃

城闕輔三秦，風煙望五津。

與君離別意，同是宦遊人。

海內存知己，天涯若比鄰。

無為在歧路，兒女共沾巾。

小故事

王勃在長安時認識了一個姓杜的縣尉。「少府」是唐代對縣尉的通稱。他們的關係很好，建立了深厚的友誼。後來，杜縣尉要到四川做官，不得不和王勃道別。王勃只得把朋友送到長安城外，至此以後就很難見面了。王勃向遠方眺望，似乎看到了杜縣尉要去就職的地方——蜀州，不由得想起自己也是做官的，同樣身不由己。但即使彼此遠隔萬水千山，也割不斷彼此的無限情意。好男兒在分別之時，不能像小女子那樣，淚水沾濕衣服和腰帶。有這樣一個知己，會彼此想念。杜縣尉只管放心地走吧，無論何時何地，他們的友情綿綿不斷、江山難阻！

釋義

長安城由關中之地拱衛，在煙霧迷濛中遙望着你要去的蜀州。

和你離別有無限情意，我們同是在官場中沉浮。

這個世界有你這個知己，即使相隔天涯也如近在咫尺。

在離別的岔路口分手時，卻像兒女那樣淚水沾濕了佩巾！

《渡漢江》
宋之問

嶺外音書斷，經冬復歷春。

近鄉情更怯，不敢問來人。

小故事

宋之問在創作這首詩前一年，因犯錯被貶到荒涼的嶺南地區參軍，生活十分悲苦。想當年他頗受皇上恩寵，天天錦衣玉食，如今的生活卻是痛苦的煎熬。再加上他在嶺南與家人音信隔絕，不知道家人是否被牽連而遭遇不幸，心中的思念與痛苦交織，好不容易熬過了冬天和春天，他再也不能忍受，決定逃回洛陽。這天，宋之問逃出了嶺南，登上北上的小船，行經漢江。雖然離家鄉山西還很遠，但宋之問感到自己離家越來越近了。船上哪兒的人都有，當然也有山西人，按理說宋之問那麼想家，見到老鄉應該問問家人情況才對。但他抑制自己急切的願望，話到嘴邊又吞回去。他有種不祥的預感，十分憂慮。如果老鄉告訴他家人因為受牽連已遭遇不幸，他的擔憂就會變成殘酷的現實，與家人團聚的願望也會被粉碎，他無法承受也無法面對。與其絕望，不如得不到答案，他於是在糾結中寫下了《渡漢江》。

釋義

流放到嶺南與親人斷絕了音信，熬過了冬天後又經歷一個新春。
越走近故鄉心裏越是膽怯，不敢向家鄉那邊過來的人打聽消息。

盛唐時期

《月下獨酌》
李白

花間一壺酒，獨酌無相親。

舉杯邀明月，對影成三人。

月既不解飲，影徒隨我身。

暫伴月將影，行樂須及春。

我歌月徘徊，我舞影零亂。

醒時同交歡，醉後各分散。

永結無情遊，相期邈雲漢。

小故事

這首詩創作於李白在朝廷做官時，他本來胸懷壯志，一心要報效國家，但許多人都妒忌他的才能，總是詆毀和排擠他，唐玄宗也只是看中李白的名氣，根本沒想過重用他。這天，李白在宮中又遭到排擠，心情苦悶地回家，打算借酒澆愁。這天晚上月亮又大又圓，庭院開滿了花。李白舉着酒杯站在庭院中，仰頭對着天上的月亮説：「既然沒人陪我喝酒，不如你陪我喝一杯吧！」説完將酒一飲而盡，幾杯酒下肚，他有點酒醉。這時，李白發現在月光照射下，自己的影子十分清晰，便笑了起來：「哈哈，又來了個陪我喝酒的傢伙。來！我的影子和月亮，三個人一起喝一杯！」就這樣，李白也不知道喝了多少酒，望着孤獨的酒杯有些神傷，吟出了《月下獨酌》。

釋義

提一壺美酒擺在花叢間，自斟自酌無朋無親。
舉杯邀請明月共飲，加上自己的身影成了三個人。
月亮不懂喝酒，只有影子伴隨我身。
且以月亮下的影子為伴，趁着春宵及時行樂。
我唱歌時月亮在身邊徘徊，我起舞時影子飄來飄去。
清醒時共同歡樂，酒醉了各散東西。
但願可以永遠盡情遊樂，在天河中再會。

《靜夜思》
李白

床前明月光，疑是地上霜。
舉頭望明月，低頭思故鄉。

小故事

這首詩創作於李白二十六歲時，他於兩年前離鄉遠遊，此時身處浙江揚州。秋天的夜晚已經有些寒冷了，李白躺在床上翻來覆去，總是睡不着。他睜開朦朧的雙眼：哎？奇怪，地上怎麼鋪了一層白色的霜，難怪這麼冷呢！可是李白定睛一看，不對呀，那不是霜，是皎潔的月光照在地上，剛剛是他眼花了。月光吸引李白抬頭望向天空，明月當空，屋外的庭院冷冷清清，李白開始想家了。不知爸爸媽媽身體是否安好，也不知從小一起長大的夥伴現在身處何方……想着想着，李白漸漸低下頭，開始沉思，並寫下了妙絕古今的名詩。

釋義

明亮的月光灑在床前，好像地上泛起一層白色的霜。我禁不住抬起頭來，看空中一輪明月，不由得低頭沉思，想起遠方的家鄉。

《清平調》
李白

雲想衣裳花想容，

春風拂檻露華濃。

若非群玉山頭見，

會向瑤台月下逢。

📖 小故事

李白在京城長安供奉翰林時，頗得唐玄宗賞識。唐玄宗非常寵愛楊貴妃。在四月春天，牡丹花盛開了，唐玄宗帶着楊貴妃來到宮中的沉香亭賞花。楊貴妃對唐玄宗說：「天氣這麼好，不如讓人歌舞表演助興吧？」唐玄宗想了一會兒說：「有這樣雍容華貴的牡丹花，又有國色天香的愛妃，怎麼能用平常的歌舞來相提並論呢？不如叫李太白過來寫首詩吧！」楊貴妃素聞李白的才氣和美名，馬上同意。李白被召到沉香亭，覺得應該大肆讚美楊貴妃一番。於是，李白把雲比喻成楊貴妃的衣服，把花比喻成楊貴妃的容貌，還說楊貴妃是天仙下凡。唐玄宗聽後非常高興，馬上讓李白在金花箋上寫下了這首《清平調》。

❓ 釋義

看到了雲，想起了您的衣服；看到了花，想起了您的容貌。您的美貌如春風吹拂下帶露的牡丹。

如果不是在西王母所居住的群玉山見到您，就是在瑤池的月光下看到您。

《秋浦歌十七首》(其十五)
李白

白髮三千丈,緣愁似個長。

不知明鏡裏,何處得秋霜。

小故事

離開長安十年的李白，在現今安徽貴池西的秋浦客居時，年紀已經很大了。他很少照鏡子，即使照也是馬馬虎虎。一天夜裏，李白憂愁得難以入眠。直到第二天早上，李白還是滿臉愁緒。他忽然想起伍子胥一夜白頭的故事，伍子胥因為憂愁才令頭髮變白啊！李白就想看看自己的頭髮有否變白。於是，他睡眼惺忪地坐在鏡子旁，捋了捋頭髮，驚訝地發現鏡中的自己已經白髮斑斑。李白很是傷感，不知道何時頭上長滿白髮，難道是昨夜憂愁的緣故？需要多麼大的憂愁才能令頭髮一夜變白？李白在鏡子前坐了良久，思緒萬千，寫下了這首詩。

釋義

我的白髮有三千丈那麼長，為甚麼會這樣呢？是我憂愁的緣故嗎？

不知甚麼時候在鏡子裏，我的頭髮白如秋霜！

《夜宿山寺》
李白

危樓高百尺，手可摘星辰。

不敢高聲語，恐驚天上人。

📖 小故事

李白在創作這首詩時正在湖北省黃梅縣遊歷。一天傍晚，他來到深山的寺廟，打算在這裏寄宿。李白在寺院裏閒逛，發現寺院後有一座很高的樓，樓頂似乎都插入雲裏了。寺裏的小僧人説，那是一座藏經樓。李白心想：這麼高的樓也有一百尺吧？我還是頭一回見，一定要上去看看。

由於樓實在太高，李白爬到樓頂時已經氣喘吁吁，不過當他看到樓頂的景色頓時倦意全消。李白抬頭望向天空，星星特別明亮，他不禁舉起手，試圖把星星摘下來。李白當然甚麼也沒抓到，卻被自己的行為逗樂了，不禁笑了起來。李白突然捂住了嘴巴，心想：我離天空這麼近，剛才的笑聲會不會驚擾天上的神仙？李白從樓頂下來，回到寺中將所見所感記錄下來，寫下了《夜宿山寺》。

❓ 釋義

寺院的高樓很高，看上去有一百尺，人在其上好像一伸手就能把星星摘下。

我站在這裏，不敢高聲説話，恐怕會驚動天上的神仙。

《早發白帝城》
李白

朝辭白帝彩雲間，

千里江陵一日還。

兩岸猿聲啼不住，

輕舟已過萬重山。

小故事

李白在唐朝宮廷裏當過一段時間的官，曾風光一時，後來被牽涉到一場政治運動中，朝廷對他不滿，把他流放到夜郎。李白心裏很不高興，在趕往夜郎的路上，走到白帝城時，忽然接到了朝廷赦免他的消息，這對李白是天大的好事。他心情愉悅，想慶祝一下。李白打算乘船去江陵，這樣不僅路上可以欣賞美景，還可以向江陵的朋友們道喜。雖然江陵和白帝城之間約有一千二百里路程，但李白認為一天就可以到達。李白覺得在船上的時間過得飛快，兩岸一閃而過，這是他被赦免後的心情所致！李白在途中寫下了《早發白帝城》這首詩。

釋義

早上我離開高入雲層的白帝城，遠在千里外的江陵只需一日行程。

長江兩岸的猿猴還在耳邊不停啼叫，我乘坐的小舟已經穿越層層疊疊的山巒。

《獨坐敬亭山》
李白

眾鳥高飛盡，孤雲獨去閑。

相看兩不厭，只有敬亭山。

📖 小故事

李白喜愛遊山玩水，心情好的時候他會去旅遊，心情不好的時候他更會去旅遊。一次，李白來到敬亭山，這時候他已被翰林院解僱多年了，有了好幾年的漂泊，李白心裏當然是灰暗的。悶悶不樂的他向敬亭山走去，低着頭、一句話也沒有説。不知不覺，李白走到山頂。他坐在山頂上的亭子裏，舉目眺望，四處除了越飛越遠的鳥兒、一朵孤單飄向遠方的雲，就只有他和敬亭山了。孤獨感頓時侵襲李白，他掩飾不住自己的情緒，寫下了《獨坐敬亭山》。

❓ 釋義

敬亭山上，鳥兒飛得看不到盡頭，一朵孤雲獨自徘徊。你看着我，我看着你，彼此都不討厭對方，現在只有我和眼前的敬亭山了。

《黃鶴樓送孟浩然之廣陵》
李白

故人西辭黃鶴樓，

煙花三月下揚州。

孤帆遠影碧空盡，

唯見長江天際流。

📖 小故事

李白和比他大十二歲的孟浩然關係很不錯，但他們常常
居於不同城市，不能經常住在一起。有一天，李白得知
老朋友孟浩然要去廣陵，也就是現今江蘇揚州市，便馬
上託人帶信，相約孟浩然在江夏，即現今武漢市武昌區
會面。李白千里迢迢趕到了江夏，和剛剛到達的孟浩然
相聚了幾天，然後孟浩然就要啟程去揚州了。李白只得
把孟浩然送到位處長江下游的黃鶴樓乘船處。眼看老朋
友就要離開，李白雖然不捨，但還是和老朋友揮手告
別，祝福他一路平安。孟浩然乘坐上遠去的船隻，漸漸
地消失在天邊。李白送別時就寫下了這首惜別詩。

❓ 釋義

老朋友要離開黃鶴樓了，他將要在這柳絮如煙、鮮花似
錦的三月前往揚州。
他乘坐船隻的帆影逐漸消失在碧藍的天際，只看到滾滾
長江在天邊奔流。

《贈汪倫》
李白

李白乘舟將欲行，

忽聞岸上踏歌聲。

桃花潭水深千尺，

不及汪倫送我情。

小故事

李白有個好朋友叫汪倫，辭官後住在安徽省涇縣的桃花潭。有一天，汪倫聽説李白會來涇縣，就給他寫了封信：我的好朋友啊，我知道你喜歡喝酒，我現在住的地方有十里桃花和萬家酒館，不如你過來，我們一起喝一杯呀！李白看了信後很高興，於是就去找汪倫。

到了桃花潭後，汪倫告訴李白：這裏其實沒有甚麼十里桃花，而是有十里潭水，桃花潭正是因為這片潭水而得名；而且這裏有一家姓萬的人開的酒館，可不是你以為的有上萬家酒館啊！李白聽後哈哈大笑。

李白在桃花潭待了幾天後就要離開了，汪倫在潭水邊為他送行。只見他跟着李白離開的方向邊走邊唱，同時還拍手跺腳跳舞歡送李白。李白十分感動，依依不捨，寫下這首詩贈予汪倫。

釋義

我乘上了小船正要出發，忽然聽到岸上傳來悠揚踏歌聲。桃花潭水縱然有千尺深，也及不上汪倫送別我之深情。

《望廬山瀑布》
李白

日照香爐生紫煙，

遙看瀑布掛前川。

飛流直下三千尺，

疑是銀河落九天。

小故事

李白喜歡旅遊，他聽說位於江西鄱陽湖盆地境內的廬山風景不錯，馬上很嚮往。於是，他興沖沖地趕往廬山。李白來到廬山山腳時天氣很好，他一邊爬山，一邊欣賞沿途的風景。爬了幾個小時，李白累了，就找一塊光滑的石階歇息。李白休息過後站起身來，發現正好可以望見不遠處的香爐峰。他看到香爐峰在太陽照射下，如籠罩上紫色的煙雲，好看極了！廬山瀑布正從不遠處的正前方傾瀉而下。李白定神觀看，覺得瀑布好像銀河從天的最高處掉下來。李白一邊望着瀑布，一邊詩興大發，於是吟出了《望廬山瀑布》。

釋義

日光通過雲霧照耀着香爐峰，生出嬝嬝的紫煙。遠遠望去，瀑布就像長河一樣掛在山前。

水流湍急，向下直奔三千尺，讓人懷疑是九重天外的銀河正墜落山崖間。

《春望》
杜甫

國破山河在，城春草木深。

感時花濺淚，恨別鳥驚心。

烽火連三月，家書抵萬金。

白頭搔更短，渾欲不勝簪。

小故事

在唐代歷史上，有個叛將名叫安祿山。安祿山率領軍隊攻陷潼關，眼看着就要打到長安城，唐玄宗被嚇壞了，就帶領着一些親信逃跑。唐玄宗的兒子，即太子李亨，不久後繼承王位。

在外漂泊的杜甫聽到這個消息後，馬上千里迢迢、不辭辛苦地去靈武投奔唐代新君。誰知，在杜甫前去拜見唐肅宗途中，被安祿山的軍隊俘獲。安祿山的軍隊把杜甫押回京城長安。由於杜甫官位卑微，叛軍沒有囚禁或斬殺他，可以説是萬幸。不知不覺到了第二年春天，杜甫還留在長安，這時候京城已經淪陷了，杜甫對長安悽慘破敗的景象深有感觸，在百感交集下寫了《春望》這首詩。

釋義

長安城被攻破了，只有昔日的山河仍然存在，長安城內雜草叢生，到了春天依舊杳無人煙。

我為國家時局而傷感，看到花開就情不自禁地流淚，離開了家人，鳥鳴讓我心驚膽戰。

戰火硝煙三個月也未曾停止，給家人寫的信在此刻價值萬金。

我憂愁鬱悶，只有用手抓變得稀疏的白頭髮，以致連簪子都插不上。

《孤雁》
杜甫

孤雁不飲啄，飛鳴聲念群。

誰憐一片影，相失萬重雲？

望盡似猶見，哀多如更聞。

野鴉無意緒，鳴噪自紛紛。

小故事

杜甫在成都旅居了一段時間，其時四川政局混亂，杜甫不得不帶着家人遷徙到其他地方，並打算到夔州避開禍亂。他們一家人登上渡船時，杜甫思緒難遣，這時聽到空中有大雁的叫聲，抬頭一看，原來是一隻孤苦伶仃的大雁。牠的叫聲淒厲，似乎正尋找失散的夥伴。杜甫望着大雁久久不能平靜，再想想目前的處境，便寫下了《孤雁》這首五言律詩。

釋義

一隻離群的孤雁，不吃不喝，低飛哀鳴，追尋着看不見的同伴。

牠的同伴已經消失在茫茫雲海中，誰來可憐這隻落單的大雁呢？

牠望盡天涯，似乎看到了同伴；牠哀鳴啼哭，好像聽到了同伴的呼喚。

遠處的野鴨並不了解孤雁此刻的心情，只顧不停聒噪。

《江畔獨步尋花七絕句》（其六）
杜甫

黃四孃家花滿蹊，

千朵萬朵壓枝低。

留連戲蝶時時舞，

自在嬌鶯恰恰啼。

📖 小故事

杜甫在創作這首詩時，剛帶着家人來到成都。因為「安史之亂」，杜甫一直居無定所，現在終於安定下來，在浣花溪旁建了一所草堂，享受安穩的生活。這一天春暖花開，杜甫想出門賞花，卻沒人陪他，就打算獨自沿着錦江江畔散步，欣賞美景。杜甫剛邁出家門沒走多遠，路過鄰居黃四孃的家，發現她家院裏那棵桃樹的枝椏伸到院外，枝椏上開滿桃花，沉甸甸地往下墜，壓彎的枝條快遮住了黃四孃家院門。

杜甫心想，花開得如此茂盛，要是能進院裏欣賞就好了。他忍不住敲門，黃四孃將他迎了進來，眼前的景色讓杜甫驚呆了。不同顏色、種類的花都在此時開放了，七彩的蝴蝶在花枝上翩躚起舞，杜甫沉醉在這種美麗的場景中。突然，一串動聽的鳥鳴聲將杜甫喚醒，抬頭望去，幾隻黃鶯在花樹枝頭嬉戲歌唱。真是不枉此行！杜甫賞花後，就寫下《江畔獨步尋花七絕句》這首詩。

❓ 釋義

黃四孃家的花開得茂盛，把小路都遮蔽了，萬千花朵把枝條都壓低了。

眷戀芳香花間的蝴蝶不時在飛舞，自由自在的黃鶯恰恰歡聲啼叫。

《贈花卿》
杜甫

錦城絲管日紛紛，

半入江風半入雲。

此曲只應天上有，

人間能得幾回聞？

📖 小故事

杜甫有個朋友叫花敬定,曾經領軍平定叛亂,可説是成都聲名赫赫的大人物,人們都尊稱他為「花卿」。但是花敬定有些自傲,覺得自己功勞了不起,開始目無朝廷,他手下的士兵也開始肆意掠奪他人錢財。杜甫對這個朋友又愛又恨。

花敬定十分喜歡音樂,家裏經常傳出絲竹管弦的聲音。有一天,花敬定辦家宴,邀請了杜甫參加,既是宴會,自然少不了音樂助興。在唐代,禮儀制度非常森嚴,連音樂也分等級,有些只能皇家獨享的樂曲,如今卻在花敬定的家宴上奏起。這悠揚的音樂傳出了花家院子,隨風蕩漾在錦江上,冉冉飄入藍天白雲間。這讓杜甫擔憂不已,這不是給自己找麻煩嗎?但是杜甫不好意思直接指責花敬定,畢竟他是大官,於是就作了這首《贈花卿》送給他,勸他不要過份自大。

❓ 釋義

成都城裏,每天都有悠揚的樂曲之聲,它們伴隨着節奏,有的蕩漾在江波上,有的升騰在雲霧層中。
這樣好聽的音樂,理應天宮才有啊!在人間尋常百姓家,一生能聽到幾次呢?

《絕句四首》(其三)
杜甫

兩個黃鸝鳴翠柳，

一行白鷺上青天。

窗含西嶺千秋雪，

門泊東吳萬里船。

📖 小故事

因為「安史之亂」，杜甫不得不逃離成都，幸好叛亂得以平定，杜甫又回到成都的草堂。這一天，杜甫坐在窗前向外望，春天到了，草堂四周的柳樹都發了芽，枝頭有一對黃鸝鳥在歡快地唱歌，空中有幾隻白鷺成排飛過。杜甫心情大好，他隔窗遠望，看到西嶺山頂的積雪還沒融化，這一景色被框在自家窗框之中，如同精美畫作。而遠處的河道上，能看到從東吳地區，也就是現今的江南行駛了萬里才到達成都的船隻。之前不少水路因為戰亂斷絕了，現在戰亂平定，交通恢復，怎能不叫人喜上心頭呢？面對一切生機勃發，杜甫提起筆寫下了這首詩。

❓ 釋義

兩隻黃鸝在翠綠的柳樹間婉轉地歌唱，一隊整齊的白鷺正直衝蔚藍的天空。
我坐在窗前，望見西嶺上堆積着終年不化的積雪，門前停泊着自萬里外東吳遠行而來的船隻。

《絕句二首》（其一）
杜甫

遲日江山麗，春風花草香。

泥融飛燕子，沙暖睡鴛鴦。

📖 小故事

杜甫在現今成都的「杜甫草堂」居住時，不知不覺到了春至。這時候白天時間開始變長，夜晚時間漸漸縮短。杜甫一大早起來，走到草堂附近的浣花溪旁。他首先散步，做一些運動，然後等太陽出來，才用心欣賞風光。啊！好一派迷人的景色！杜甫看到遠處的青山和溪水沐浴着春光，越發光輝燦爛。在陣陣春風中，還夾着花草的芳香，清新撲鼻。泥土濕潤，有燕子在銜着泥土築巢；暖暖的沙土上，有鴛鴦成雙成對地在睡大覺。杜甫頓時詩興大發，寫下了這首詩。

❓ 釋義

白天慢慢變長，江山的風光更加綺麗，春風中夾帶着花草的芳香。

燕子銜着濕潤的泥土忙碌地在築巢，鴛鴦成雙成對地睡在暖和的沙子上。

《山居秋暝》
王維

空山新雨後，天氣晚來秋。

明月松間照，清泉石上流。

竹喧歸浣女，蓮動下漁舟。

隨意春芳歇，王孫自可留。

📖 小故事

王維在終南山下的別墅輞川別業隱居時，特別喜歡到附近閒逛。在一個初秋早上，嘩嘩啦啦地下起了雨。王維只好待在別墅裏看書寫字。不久雨停了，王維就決定去呼吸新鮮空氣。王維走出戶外，覺得天氣冷了，真是一場秋雨一場寒啊！王維回到別墅添了一件衣服，然後饒有興致地在戶外欣賞雨後景致。他來到空寂的山野，看着艷麗的蝴蝶蘭，覺得它們就像春天的蝴蝶在翩翩起舞。只是現在是秋天了。王維還看到石頭上淙淙流淌的清泉，在泉裏洗一下手，都會凍得瑟瑟發抖。王維又在山野中轉悠一下，聽到洗衣的姑娘穿過竹林的聲音，又看到河上蓮葉因漁舟歸來而搖動。王維心想：春天的芳草就任由它自然凋謝，秋色仍美，王孫可留在山中不必歸去，王維因此心情寫下了《山居秋暝》。

❓ 釋義

空寂的山野沐浴了一場新雨，晚上降臨使人感到彷彿已是深秋。

明月從松樹縫隙間灑下光輝，清冽的泉水在石頭上流淌。竹林發出響聲應是洗衣的姑娘來了，蓮葉輕搖應是上游的輕舟游盪。

春天的花草不妨由它凋謝，貴族自可久居於此。

《相思》
王維

紅豆生南國，春來發幾枝？

願君多採擷，此物最相思。

小故事

王維和樂師李龜年有深厚的友情，在李龜年流落江南時，王維常常為他的處境憂心忡忡。王維後來到了江南，看到顏色鮮紅、籽像豌豆的紅豆，不禁想起了李龜年。只是江南這麼大，李龜年到底在江南哪一區呢？

為了表達對李龜年的思念，王維寫下了這首詩。《相思》別名《江上贈李龜年》、《相思子》。王維這首詩語言明快、溫婉，語淺而情深，後來被人譜成曲傳唱。

釋義

紅豆生長在南方，到了春天時，它將生出多少新枝呢？希望你多多採摘紅豆，因為它最能引發思念之情。

《送元二使安西》
王維

渭城朝雨浥輕塵，

客舍青青柳色新。

勸君更盡一杯酒，

西出陽關無故人。

📖 小故事

王維有個朋友姓元，在家中排第二，王維經常叫他元二。王維和元二的關係很不錯，後來朝廷派元二出使安西都護府，王維不得不為他送行。

在送行那天，剛下過一場春雨，王維一早就把元二送到渭水北岸的渭城。在驛館旁，柳樹上的葉子因為昨夜春雨的洗滌顯得格外清新。王維就在這裏和元二道別了。王維知道古人有折柳送別的習慣，但王維不為元二折柳，卻要和元二以酒餞別。王維讓元二再多喝一杯酒，他認為，當元二過了通往西域的要道陽關後，就再也沒有像自己這樣的老朋友了。元二有感王維的深情，把酒一飲而盡。王維看着元二漸漸遠去的身影，寫下了這首送別詩。

❓ 釋義

早晨一場春雨過後，渭城的塵土都沾上了雨水。驛館四周，柳色青青，更顯清新和飄逸。

請你再喝一杯餞別的酒吧，因為過了陽關向西走，就再沒有像我這樣的老朋友了。

《九月九日憶山東兄弟》
王維

獨在異鄉為異客，

每逢佳節倍思親。

遙知兄弟登高處，

遍插茱萸少一人。

📖 小故事

王維為了求取功名，隻身來到首都長安城。可是，在繁華熱鬧的帝都，孤身一人的他總是想家，並十分掛念父母和兄弟姐妹。

秋天來了，天氣涼爽起來，黃燦燦的菊花開了。這天，長安城裏格外熱鬧，人人都回家團聚，家家都做起桂花糕，品嚐美味的菊花酒，並在身上插上用以避禍消災的茱萸枝。

這是為甚麼呀？原來是過節了。重陽節在中國古代是個特別重要的節日，在這一天，人們都傾室而出，和親人一起登高「避災」。王維也按照習俗登上高山，眺望美麗秋景，可是他卻不那麼開懷。他看到長安城裏家家團聚，只有自己孤孤單單，甚是難過。當他望向東方時，似乎看到蒲州（在華山之東）的老家和家鄉的親人，他們都聚在一起。家人想必也很想念自己吧。此情此景，這首《九月九日憶山東兄弟》在王維心中油然而生。

❓ 釋義

獨自遠離家鄉難免總有一點淒涼，每到重陽佳節便會倍加思念遠方的親人。

遠遠想到兄弟插戴茱萸登上高處時，也會因為少了我一人而心生遺憾之情。

《鳥鳴澗》
王維

人閒桂花落，夜靜春山空。

月出驚山鳥，時鳴春澗中。

小故事

王維在青年時代，曾在現今浙江紹興縣東南角的若耶溪附近住了一段時間。當時，他和一個名叫皇甫岳的人關係很好，常常應邀到皇甫岳家的雲溪別墅作客。別墅四周被高高的山脈包圍。在一次人事清閒的情況下，王維又來到了雲溪別墅，他和皇甫岳聊了很久，不知不覺間天色暗了下來，王維看到院子中木樨的花瓣在落下，又聽到山谷中靜悄空洞。慢慢地，月亮升起來了，有幾隻山鳥驚叫着飛向遠方，王維猜想，可能是月亮出來驚擾到牠們吧。那幾隻山鳥在看不見的山澗中鳴叫。王維很喜歡眼前的景象，馬上提筆寫了《鳥鳴澗》這首詩。

釋義

人事清閒，在春天盛開的桂花悄無聲息地飄落。夜色靜謐，山谷中空蕩蕩的。

月亮升起來了，驚動了棲息中的山鳥，牠們在春季的山澗中高飛並鳴叫着。

《詠柳》
賀知章

碧玉妝成一樹高，
萬條垂下綠絲條。
不知細葉誰裁出，
二月春風似剪刀。

小故事

經過漫長的冬天之後,不知不覺到了春天。告老還鄉的賀知章猜想河對岸的柳樹應該發芽了吧。他來到郊外的小河邊,放眼望去,就在不遠處有幾棵柳樹婀娜多姿,它們垂下的柳枝像江南的姑娘。微風拂面,有幾隻燕子掠過,看到燕子像剪刀似的尾巴,賀知章浮想聯翩:那隨風搖擺的柳葉,是燕子裁剪出來的嗎?但賀知章轉念一想,燕子剛從南方飛來,裁剪柳葉的一定另有其人。他想來想去,忽然明白了,原來春風早就來過了,應該是二月的春風把柳葉裁剪出來的。賀知章在這個情境下寫下了《詠柳》。

釋義

高高的柳樹上長滿了翠綠的新葉,打扮得就像是一位亭亭玉立的美人,垂下來的柳枝,就像萬條用絲編成的繩帶一樣。

這細細的嫩葉是誰裁剪出來的呢?原來是二月的春風,它像一把剪刀,裁剪出這些葉子,給大地披上新裝。

《回鄉偶書二首》（其一）
賀知章

少小離家老大回，

鄉音無改鬢毛衰。

兒童相見不相識，

笑問客從何處來。

📖 小故事

辭了官的賀知章離開家鄉將近五十年了，回鄉時已經八十多歲，兩鬢和鬍子都已經變白。他走到村口，看見一棵高大的槐樹，枝葉繁茂，不禁想起小時的事情：這不是我小時候和兄弟一起種的小樹嗎？如今竟已經長這麼大了。

這時，一群小孩子見到賀知章臉口陌生，便跑過來問他：「老爺爺，您從哪裏來呀？」賀知章答：「我的家鄉就在這裏呀！」小孩子搖搖頭：「您的口音雖然是本地人，但我們怎麼沒見過您呀？」賀知章笑起來：「因為我很久以前就離開家鄉了，那時候你們的爸爸媽媽都還沒出生呢。我現在終於回家了。」

「原來是這樣，那您告訴我們您家在哪，我們把您送過去！」

看着孩子們，再看看走路都要拄着拐杖的自己，賀知章心中感慨無限，回家便寫下《回鄉偶書》。

❓ 釋義

我在年少時離開家鄉，到遲暮之年才回來。我的鄉音雖然未有改變，但鬢角的毛髮卻已經斑白。

故鄉的兒童見到我，卻沒有一個認識我。他們笑着問：這位客人是從哪裏來的呢？

《春曉》
孟浩然

春眠不覺曉，處處聞啼鳥。

夜來風雨聲，花落知多少。

小故事

隱居鹿門山的孟浩然，在春天被一陣嘰嘰喳喳的鳥鳴聲吵醒了，他睜開眼，沒想到天已亮了。窗外陽光燦爛，孟浩然想着，看來昨夜朦朧聽到的風雨聲不是在做夢啊，只有下過雨天空才會如此晴朗。經過一夜風雨，不知道庭院裏的花被吹落了多少呢？

孟浩然走出屋外，看到石台階上鋪滿落花，空氣中都是濕潤的泥土芳香，不禁陶醉起來。都説春雨貴如油，春雨最讓春耕農民們喜歡了，今年定是個豐收年。雖然他得把地上的落花打掃乾淨，但被雨水洗滌過的早晨空氣清新，陽光明媚，孟浩然看着落花，眷念春天將盡，心情顯得有些複雜，便吟出了這首《春曉》。

釋義

春天時節貪睡，不知不覺天已到破曉，攪亂我甜眠的是啁啾的小鳥。

昨晚風聲雨聲一直不斷，那嬌美的春花被吹落了多少呢？

《勸學》
顏真卿

三更燈火五更雞，

正是男兒讀書時。

黑髮不知勤學早，

白首方悔讀書遲。

小故事

在顏真卿三歲時，爸爸就離開人世，不久後家道開始衰落。他的媽媽殷氏對他寄予厚望，常常對他實施嚴格的家教。顏真卿沒有辜負媽媽的期望，每天刻苦讀書。學有所成後，顏真卿仍不忘告誡後來者。一次，顏真卿看到幾個男孩趁老師不注意時偷偷溜出去玩。顏真卿覺得不能讓他們繼續下去，就走到他們跟前說：「孩子們，你們應該回去讀書啊！」一個小男孩說：「我們年紀還小呢，等過幾年再認真讀書也不遲！」

顏真卿頗有感悟，說：「你們現在不好好讀書，一再拖延，不知不覺就可能成了老爺爺，到時候再學習就遲了！」幾個孩子聽了顏真卿的話，怔怔地待在那裏，過了一會兒便紛紛返回學堂去了。顏真卿深有領悟，便創作了《勸學》這首詩勉勵後人。

釋義

每天午夜十一時到次日一時為三更，凌晨三時到五時為五更，在這之間的半夜到雞啼的時候，正是男孩子讀書的最理想時間。

如果年少時不知道好好讀書，到頭髮白了才去學習，那時候就晚了，只能後悔。

《涼州詞二首》（其一）
王之渙

黃河遠上白雲間，

一片孤城萬仞山。

羌笛何須怨楊柳，

春風不度玉門關。

📖 小故事

在高大的城樓上站着一個人，他眺望西北廣漠壯闊的風光，看着黃河奔騰而去，沒有盡頭，似乎與天邊的白雲化為一體。這個人就是王之渙。他腳下所處，就是在高山大河環抱下的國防重鎮──邊塞孤城涼州。

突然，一陣悠悠的羌笛聲傳入王之渙的耳朵，奏起的正是那首表達離情的《折楊柳》。柳與「留」同音，在古代，人們臨別時都會折柳枝送給對方，以表留念。王之渙心想，如果戍守邊疆的將士們聽到這首曲，難免會想家，觸動離愁別緒。不過這裏天氣惡劣，連柳樹都找不到，奏起那首悲涼的《折楊柳》又有何用呢？盛唐時帝都繁華，但統治者卻不體恤民情，毫不顧念玉門關外戍守的將士。王之渙不禁對將士產生憐憫之情，於是寫下這首《涼州詞》，表達對他們懷鄉卻不得還之感慨。

❓ 釋義

舉目遠望，黃河漸行漸遠，一如奔流在白雲之間，就在黃河上游的高山之處，一座孤城玉門關在那裏聳峙，顯得孤獨冷寂。

為何要用羌笛奏起那哀怨的楊柳曲，埋怨春光遲遲不至呢？其實春風根本吹不到玉門關。

《登鸛雀樓》
王之渙

白日依山盡，黃河入海流。

欲窮千里目，更上一層樓。

📖 小故事

屹立在黃河邊的鸛雀樓始建於一千多年前的南北朝時期。據說這座樓附近有一種長得很像鶴的水鳥，牠們長着尖嘴和大長腿，常常棲息在樓頂，人們稱這種鳥為鸛雀，鸛雀樓因而得名。

有一天，王之渙來到鸛雀樓，他剛登上第二層，就頓感眼前景象開闊起來。當時正值黃昏，王之渙望向遠處，看到太陽透過雲霧似乎變成白色，慢慢落入連綿的山中，而他腳下的黃河奔騰咆哮着，在遠處湧進了大海。多麼美麗的景色啊！

王之渙心想：我僅僅在二樓就可以看到那麼遠，如果我再往上走，走到樓頂，能不能把千里之外的景色都收入眼底呢？王之渙心懷憧憬，一口氣爬上頂層，那裏的景色果然美得不可言喻，令人心馳神往。正所謂「站得高，看得遠」，王之渙不禁有種氣貫長虹之感，覺得人生就如登樓，想要獲取更高的成就，就應該不斷進取，於是便揮筆寫下了《登鸛雀樓》。

❓ 釋義

夕陽依傍着西山慢慢地沉沒，滔滔黃河朝着大海洶湧奔流。

若想把千里外的風景看個夠，那就要登上更高的一層城樓。

《出塞二首》（其一）
王昌齡

秦時明月漢時關，

萬里長征人未還。

但使龍城飛將在，

不教胡馬度陰山。

小故事

王昌齡生活在外族入侵的唐代。有一天，他來到玉門關以西的地區。由於那裏離邊疆不遠，因而常常受到外族騷擾。王昌齡看到當地一片狼藉，人民不務正業，紛紛擔心戰爭帶來的疾苦。他心想：唐朝那麼強大，為甚麼不去征服外敵呢？王昌齡對軍隊將領有了些不滿。他認為，如果大將軍衛青和飛將軍李廣還健在的話，外族一定不敢入侵邊疆。王昌齡為邊疆人們的生活擔憂，又看到人人都渴望和平，每個人都想保衛家園，深有感觸之下寫了《出塞二首》。

釋義

秦朝時的月亮和漢朝時的邊關還在，但被派去征戰的士兵卻一去不復返。

如果襲擊龍城的大將軍衛青，和被匈奴人譽為「飛將軍」的李廣還健在，就不會讓外族的鐵蹄踏破陰山（北方的屏障）了。

《別董大二首》（其一）
高適

千里黃雲白日曛，

北風吹雁雪紛紛。

莫愁前路無知己，

天下誰人不識君？

小故事

董庭蘭是唐代有名的琴師，他是吏部尚書房琯的門客。但在房琯被貶後，董庭蘭也離開了京城長安。董庭蘭是家中「老大」，高適經常稱呼他為「董大」。董庭蘭一路東行，在冬天來臨時，來到現今河南商丘市南一個叫睢陽的地方，跟在這裏停留的高適見面。他們本是老朋友，久別重逢，千言萬語盡在心頭。短暫聚會之後，董庭蘭又要去其他地方了，高適不得不去送別老朋友。

在送別當天，天陰沉沉，不久後更下起大雪。高適心情複雜。他規勸老朋友，在前行路上不用愁煩沒有知心人，依舊有人會款待他，因為他是著名樂師，鼎鼎大名，沒有人不認識他，沒有人不敬仰他。一陣叮嚀之後，看到老朋友身影遠去，高適各種心情交織，寫下了《別董大》這首送別詩。

釋義

滿天的烏雲在暗淡無光的太陽照射下，呈現出淡黃色，不一會兒，北風吹着遠飛的大雁，大雪紛紛。

不要擔心前路茫茫沒有知心可靠的人，普天之下哪個不認識你呢？

《望月懷遠》
張九齡

海上生明月，天涯共此時。

情人怨遙夜，竟夕起相思。

滅燭憐光滿，披衣覺露滋。

不堪盈手贈，還寢夢佳期。

📖 小故事

張九齡曾經在朝廷當過宰相，但是椅子還沒坐暖，就被奸臣陷害而遭降職。為此，張九齡不得不按照朝廷要求被貶到新地方做官。他走啊走，路過一座座山、一條條河，在新地方做官一段時間後，張九齡想念一起生活的親人和朋友。

有一次，張九齡出行，需要乘船。船在海上漂泊。張九齡走上船頭，看到夜幕降臨時天上的月亮。月亮漸漸地越來越明亮。張九齡看着，情不自禁地想起了親友。張九齡猜想，此時遠方的親友也可能和他一樣，望着這輪月亮在想着他。張九齡陷入深深的思念，到了半夜還是睡不着。他回到船艙點上燈，寫下了這首詩。

❓ 釋義

海面上一輪明月冉冉升起，你和我天各一方共同望着這輪月亮。

多情的我怨恨長夜漫漫，一晚睡不着覺苦苦思念着你。

燭光熄滅只剩下明亮的月光，令人憐愛，披起衣服才覺露水沾濕了衣衫。

不能捧着美麗的銀光送贈給你，倒不如快快入眠與你夢中歡聚。

中唐時期

《遊子吟》
孟郊

慈母手中線，遊子身上衣。

臨行密密縫，意恐遲遲歸。

誰言寸草心，報得三春暉。

📖 小故事

孟郊年輕時希望能為社會作出貢獻，以此贏得尊重與愛戴，但他漂泊無依，直到四十六歲才考取進士，到五十歲才被任命為當時江蘇常州溧陽縣縣尉。雖然只是一個小官，但孟郊卻因此結束了常年居無定所的生活，他決定把母親接來一起生活。孟郊有感母親早年的疼愛與照顧，在母親還沒到溧陽縣外的小河邊時，就早在渡口等待。母親一下船，孟郊馬上過去迎接，並親自把母親扶上轎子，還為母親抬轎。孟郊認為，他所做的一切遠不及當年母親給予自己的恩惠，現在正是回報母親的時刻。孟郊於是寫下了《遊子吟》這首詩。

❓ 釋義

慈母手中的一針一線，縫製成了遠遊的兒子身上的衣服。在兒子臨出行前，慈母密密地縫綴，恐怕兒子回來得太晚，衣服會破損。

有誰可以說，兒女像小草那樣微小的孝心，能報答得到像春天和煦陽光照耀的慈母恩情呢？

《尋隱者不遇》
賈島

松下問童子，言師採藥去。

只在此山中，雲深不知處。

小故事

高高的山上雲霧繚繞，隱約可見一個人影，這個人左顧右盼，好像在尋找着甚麼。他就是賈島，正要去拜訪山中一位隱士，卻不知道這位隱士到底在哪裏。賈島氣喘吁吁地轉過一處彎，遠遠看見一個小童子坐在一棵高大的松樹下，他想必是隱士的徒弟，不妨去問問他。

賈島加快步伐，走到童子身邊問：「請問你是隱士的徒弟嗎？」童子點點頭。賈島又忙問：「那你知道你的師傅哪裏去了，在做甚麼嗎？」童子思考片刻，回答：「我只知道師傅正在那座山中採藥，具體在哪裏我不知道。」賈島聽後，急切尋找隱士的心似乎慢了下來。他擦擦額上的汗珠，望着雲霧繚繞的山，不禁感嘆隱士清高、自在的生活。他突然詩興大發，把剛才發生的事情記錄下來，寫下了《尋隱者不遇》。

釋義

在蒼松樹下，我詢問隱者的童子：他的師傅到哪裏去了？他說：師傅正在山中採藥。

童子還指着高山說，就在這座山中，可是林密雲深，我也不知道他到底在哪裏。

《憫農二首》(其二)
李紳

鋤禾日當午，汗滴禾下土。

誰知盤中餐，粒粒皆辛苦？

📖 小故事

農民為了大家能吃到糧食，在田地裏耕作非常辛苦。在一千多年前的唐代，李紳一次路過一片田地，正值正午，天氣十分炎熱。李紳看到農民正在陽光曝曬下給禾苗鬆土。因為天氣實在太熱了，鋤禾苗又是耗費體力的工作，每個農民都汗流浹背，汗水從農民身上滴進生長禾苗的土地上。李紳心想：這些農民真是太不容易了，如果不是看到這些，我們哪裏知道每天能輕鬆吃到的米飯，每粒都是農民用辛勤汗水換來的呢？李紳想讓所有人都知道農民的艱苦，珍惜盤中的食物，於是寫下了《憫農》這首詩來警醒世人。

❓ 釋義

盛夏中午，烈日炎炎，農民還在勞作，汗珠滴入泥土中。有誰想到，我們碗中的米飯，每粒都飽含着農民的血汗？

《池上二絕》（其二）
白居易

小娃撐小艇，偷採白蓮回。

不解藏蹤跡，浮萍一道開。

📖 小故事

白居易在一個炎熱的夏天於湖邊閒遊，見到有個小娃娃在玩耍，他遠遠看到湖中央開了一朵白蓮花，十分漂亮。小娃娃在蓮花旁採了幾隻蓮蓬，剝出裏面的蓮子放到嘴裏，又香又甜，真好吃！小娃娃左顧右盼，嘿，完全沒人發現他！他自以為神不知鬼不覺，卻不知在身後留下了「小尾巴」——浮萍被小船衝開了一條明顯的水路。這一幕讓白居易看到了。他被此番情景逗樂了，不禁吟出《池上二絕》。

❓ 釋義

一個小孩撐着小船，偷偷地採了一朵白蓮花回來。
他不知道怎麼掩藏蹤跡，因為水面浮萍上留下了一條船兒划過的水路。

《賦得古原草送別》
白居易

離離原上草，一歲一枯榮。

野火燒不盡，春風吹又生。

遠芳侵古道，晴翠接荒城。

又送王孫去，萋萋滿別情。

小故事

白居易很小的時候就開始作詩，十六歲時為求得名師指點來到長安，帶着詩稿拜見名士顧況。顧況當時在詩界頗有名氣，若能得到他的指點和推薦，日後定能有所作為。

顧況見白居易年少，根本沒把他放在眼內。他看到詩稿署名「白居易」，略帶譏笑地說：「你的名字叫『居易』，不過長安城裏甚麼都貴，居住下去可不容易啊！」白居易雖然沒回應，但內心已經怦怦直跳，生怕顧況說他的詩寫得不好。沒想到顧況翻開某頁詩稿，禁不住拍案叫絕：「好詩！真是好詩！」他想起先前挖苦的話，轉過頭對白居易說：「剛才是跟你開玩笑的。你能寫出這樣的詩，別說長安了，天下哪裏都可以『居易』！」顧況翻開的那頁，正是白居易準備為應考科舉試而寫的《古原草送別》（按考試規定詩題前必須加「賦得」二字）。

釋義

原野上長滿了茂盛青草，年年歲歲過去，枯萎後又變回蒼翠。

大火無法將它們燒盡，春風一吹它們又再生機勃發。

遠處的春草佔據了古道，在陽光下一片綠色把荒城都連上了。

我再次在這裏送別友人，芳草茂盛，盡是別離情。

《錢塘湖春行》
白居易

孤山寺北賈亭西，

水面初平雲腳低。

幾處早鶯爭暖樹，

誰家新燕啄春泥。

亂花漸欲迷人眼，

淺草才能沒馬蹄。

最愛湖東行不足，

綠楊陰裏白沙堤。

📖 小故事

白居易到杭州做官時，剛好是夏天，他覺得有必要到聞名天下的錢塘湖（即西湖）旅遊一番。但他聽說錢塘湖春天的景色才最好看。於是，白居易等到第二年春天再去。終於到了春天，白居易沒那麼多公務煩心，可以放開心情遊玩。

白居易騎上了一匹棗紅馬，馬鞭一揮，馬匹邁着輕健的蹄子，在前往錢塘湖的路上奔馳。一路上楊柳夾岸、春風拂面，白居易的心情何其舒暢。他選了幾處要去的地方，包括南北朝陳文帝時建造的孤山寺，和錢塘湖名勝之一——賈公亭。白居易覺得這些地方太值得留戀了，如何才能把它們記下來呢？他忽然想起可以作首詩。白居易之後把旅遊的所見所聞、所感所想，寫成了《錢塘湖春行》。

❓ 釋義

來到了孤山寺以北、賈公亭以西之處，看到了湖水初漲、浮雲低得很。

幾隻早起的黃鶯在婉轉啼鳴，牠們飛向朝着太陽光的樹枝上。從南方回來在銜泥築巢的燕子是誰家的呢？

野花繽紛，令人眼花繚亂；青草蔓蔓，遮沒過馬的蹄子。西湖東邊的景色真讓人流連忘返啊，最讓人喜愛的還是綠樹掩映下的白沙堤。

《暮江吟》
白居易

一道殘陽鋪水中，

半江瑟瑟半江紅。

可憐九月初三夜，

露似真珠月似弓。

📖 小故事

白居易在杭州做官時，喜歡到江邊散步，藉此忘卻工作上的煩惱。到了九月初三，白居易又來到江邊，看到黃昏時太陽鋪灑在江面上，江面呈現出碧綠、艷紅的顏色，白居易覺得美極了。月亮漸漸地升起來，當天是「上弦月」，白居易覺得這時候的月亮就像彎弓一樣。他在江邊走着，腳上沾滿露珠，這才知道秋夜凝重啊。白居易本想把鞋上的露珠拍掉，但他一提起腳便發現鞋上的露珠就像珍珠一樣晶瑩剔透。白居易覺得有必要為今天所見寫首詩，於是就寫了《暮江吟》。

❓ 釋義

快下山的太陽，光芒鋪灑在江面上，此時，一半江面呈現碧綠的顏色，一半則呈現艷紅的夜色。
九月初三的夜晚最可愛，腳上的露珠像珍珠，月亮則像一把彎弓。

《馬詩二十三首》（其五）
李賀

大漠沙如雪，燕山月似鈎。

何當金絡腦，快走踏清秋。

小故事

在李賀生活的年代，藩鎮割據極為嚴重。在當時燕山一帶，藩鎮最為囂張跋扈。這不僅讓唐朝當局頭痛，也讓李賀覺得，好男兒應該要建功立業、掃除叛亂。但是很不幸，李賀雖是唐室宗枝，卻一直得不到重用，他的遠大志向難以實現。

李賀很喜歡馬，他養了一匹從西域進口的馬，常常牽着牠在燕山周圍發出無限的惆悵。這一天，李賀又來到燕山附近，看到廣袤無垠的沙漠和高高懸掛在天上的月亮，不禁浮想聯翩：甚麼時候能為自己的馬戴上金絡頭，在沙場上馳騁啊！自感懷才不遇的李賀回去後久久不能平伏，就寫下了《馬詩二十三首》。

釋義

大漠上的沙土，像無邊無際的白雪；燕山上的月亮，像一個彎鈎。

甚麼時候我才能給馬匹戴上金絡頭，讓牠奔馳踏破這秋日的山野？

《和張僕射塞下曲六首》(其三)
盧綸

月黑雁飛高，單于夜遁逃。

欲將輕騎逐，大雪滿弓刀。

小故事

盧綸的人生不那麼一帆風順,充滿着崎嶇和坎坷。盧綸年輕時,幾次科舉考試都落第。後來經過唐德宗時發生的一場兵變——「涇原兵變」,使盧綸和唐朝的軍隊結下了不解之緣。唐代名將渾瑊提拔盧綸為元帥府判官,盧綸自此開始了邊塞的生活。

盧綸在軍營每天都看到雄渾壯觀的邊塞景象,也要接觸粗豪的將士。有一天,軍營中抓獲了入侵者的最高統帥,也逮捕了一些敵方的士兵。到了晚上,天黑得伸手不見五指,忽然有人說入侵者的最高統帥帶領士兵逃跑了,將軍渾瑊馬上率領騎兵追趕。不知不覺飄起了大雪,渾瑊不顧大刀及弓箭上落滿雪花,仍繼續追上去,結果趁夜色潛逃的敵軍又被抓了回來。盧綸有感將軍威武,遂寫下了《和張僕射塞下曲六首》。

釋義

在一個沒有月光的死寂夜晚,一群大雁驚叫着向遠方飛去。入侵者的首領趁機帶領士兵逃跑了。

將軍馬上率兵追趕,顧不得滿天大雪已經落滿了弓箭和大刀。

《江南逢李龜年》
杜甫

岐王宅裏尋常見，

崔九堂前幾度聞。

正是江南好風景，

落花時節又逢君。

小故事

杜甫和樂師李龜年很早就認識了，在杜甫的印象中，李龜年常出入貴族豪門的隆重場合。杜甫還記得，李龜年是朝廷紅極一時的樂師。可是，「安史之亂」後，杜甫和李龜年就失去了聯絡。

多年過後，在一個落花飄零的暮春，杜甫來到江南，巧合地碰見了李龜年。這時候李龜年已經老態龍鍾，失去了往日的風采，靠賣唱為生，整天在大街小巷流浪，居無定所。杜甫被眼前一幕震撼了，憶起以往在岐王（唐玄宗的弟弟）和崔九（中書令崔湜的弟弟）府邸欣賞李龜年表演的情景，萬萬沒想到老朋友會淪落如斯田地。杜甫懷着無限感慨，寫下了《江南逢李龜年》。

釋義

在岐王宅裏經常見到你，在崔九府上也欣賞過你的多次演出。

如今江南的風光無限美好，在落花繽紛時我又與你重逢。

《登高》
杜甫

風急天高猿嘯哀，

渚清沙白鳥飛回。

無邊落木蕭蕭下，

不盡長江滾滾來。

萬里悲秋常作客，

百年多病獨登台。

艱難苦恨繁霜鬢，

潦倒新停濁酒杯。

📖 小故事

又是一年一度的重陽節，杜甫這時候已經五十六歲了，可是他仍然要按登高的習俗，爬上當地一座山峰。重陽節也是老年人的節日，杜甫想起自己年紀越來越大，離垂暮之年不遠，心中不禁傷感。

杜甫費了好大力氣，才爬到半山腰。他找到了一塊光滑的石頭坐下，等他緩過精神後便站起來，向高處眺望，只見空中大風呼嘯；向腳下俯視，遠遠地看到水中的小陸地上有鳥兒來回飛轉。

已經秋天了，落葉飄零，遠處的長江在奔騰不停。人還有多少個春秋呢？還有多少次這樣登高的機會呢？恐怕下一次再也走不動了。孤獨無依的杜甫想到自己飄零的身世，以及帶病的身軀，在悲傷中寫下《登高》。

❓ 釋義

天高風急，長江三峽中的猿猴發出淒厲的叫聲；清澈水面上有鳥兒來回盤旋。

無窮無盡的樹葉紛紛落下，奔騰不息的長江滾滾而來。在萬里悲秋中感慨自己長期漂泊，帶病在身的我獨自登上高台。

鬢髮漸白令我深感苦恨，困頓潦倒的我只好不再喝酒。

《江雪》
柳宗元

千山鳥飛絕，萬徑人蹤滅。

孤舟蓑笠翁，獨釣寒江雪。

📖 小故事

在深冬的一天，寒風呼嘯，鵝毛大雪漫天飛舞，在地面上落了厚厚的一層。實在太冷了！被貶流放的柳宗元凍得上牙下牙直打架，裹緊身上的衣服，快步朝家走去。他抬頭看去，四周的山連綿起伏，都被大雪覆蓋，根本看不到鳥兒的身影，更聽不到一聲鳥鳴。路上一個行人都沒有，家家都關緊門窗躲避風雪，柳宗元頓時覺得更冷，要趕緊回家暖和一下。

柳宗元走到江邊，江水還在緩緩流動，江心的一處黑影吸引了他的目光。柳宗元靠近一看，發現是一個身披蓑衣的老翁，正在一葉小舟上垂釣。江面寬廣而平靜，老翁神態自若，嘴裏叼着煙斗，斗笠下露出銀白色長髮和鬍鬚，如同一幅畫卷。老翁手持釣竿，似乎沒有關注是否有魚上釣，更多是在欣賞雪中美景。

柳宗元對老翁油然生敬，他不屈於風雪，獨自享受寂靜，何等清高孤傲。柳宗元回到家中，想起那位傲骨老人以及自己的處境，於是寫下了《江雪》。

❓ 釋義

所有的山中都沒有飛鳥的身影，所有的路上都不見一個人的蹤跡。

只有江上的孤舟裏，一個漁翁披蓑戴笠不怕冰雪侵襲，獨自垂釣。

《滁州西澗》
韋應物

獨憐幽草澗邊生，
上有黃鸝深樹鳴。
春潮帶雨晚來急，
野渡無人舟自橫。

📖 小故事

韋應物曾在不少地方做過官，但他很喜歡寫詩，做官時也會去尋找靈感。後來，韋應物來到滁州做官，在沒有公務時，總喜歡四處獨自散步。後來，韋應物聽說在滁州城西有一個名叫西澗的地方，據說那裏很能陶冶性情，便決定去看看。

在一個春天的傍晚，韋應物來到了西澗，看到幽谷裏的小草可愛、迎風搖曳，枝繁葉茂的樹木間有黃鸝在啼叫，他覺得性情溫和了許多。這時候，他又看到因為春天潮汐而濕漉漉的小路，不遠處的渡口有一艘小船，其上沒有艄公，小船隨風飄蕩。面對清幽的景色，韋應物寫下了《滁州西澗》這首詩。

❓ 釋義

我唯獨喜歡生長在澗邊的小草，在頭上有黃鸝在繁茂的樹上啼鳴。

春潮夾着傍晚的雨水流得湍急，在郊野渡口上有一條無人的小船在隨風飄浮。

《秋詞二首》（其一）
劉禹錫

自古逢秋悲寂寥，

我言秋日勝春朝。

晴空一鶴排雲上，

便引詩情到碧霄。

小故事

劉禹錫熱衷於參與政治運動，認為這樣人生才有意義。結果在一場革新運動中，劉禹錫支持的一方以失敗告終，他也被朝廷貶到現今的湖南常德。此時，劉禹錫已經三十四歲了，本來應該官運亨通，卻遭遇這個變故。不過，劉禹錫求異心理很強，總想與眾不同，並沒有因此消沉下去。

到了秋天，別的文人墨客在這時都會悠然生起蕭條、空寂的感覺，可劉禹錫卻不一樣。他別出心裁地認為，秋天比春天還要好。當劉禹錫看到黃鶴衝上雲霄，頓時令他詩興大發，吟出了《秋詞二首》。

釋義

自古以來，文人墨客每逢秋天都悲嘆空寂、蕭條，我卻認為秋天比春天更勝一籌。

天高雲淡，秋高氣爽，一隻鶴推開雲層衝上遠天，我作詩的興致也被帶到九霄雲外。

《竹枝詞二首》(其一)
劉禹錫

楊柳青青江水平，

聞郎江上唱歌聲。

東邊日出西邊雨，

道是無晴卻有晴。

小故事

劉禹錫五十歲時，要到夔州（現今的重慶）做官，他喜歡夔州這一片有少數民族聚集的地方。當時夔州有一種邊唱邊舞、用鼓和短笛伴奏的民歌，這種民歌叫「竹枝詞」。劉禹錫來到夔州時，對「竹枝詞」產生了濃厚興趣，只是當地的「竹枝詞」沒有響噹噹的代表作，劉禹錫就想模仿先人屈原《九歌》的精神，試圖創作有影響力的「竹枝詞」。

有一天，劉禹錫在江邊散步，看到河對岸坐着一個少女。那個少女若有所思，劉禹錫頓時明白了她的心意。原來，她深愛一個人，卻不知道對方的意思，她心裏既有希望，又有失望。劉禹錫觀察良久，寫下了這首《竹枝詞》。這首詩後來更被人譜成歌曲，在夔州廣為流傳。

釋義

楊樹柳樹青翠欲滴，江水波瀾不驚，忽然聽到情郎在江上踏歌的聲音。

東邊有太陽，但西邊還在下雨，誰說沒有晴天呢？真的是有晴天。

《楓橋夜泊》
張繼

月落烏啼霜滿天，

江楓漁火對愁眠。

姑蘇城外寒山寺，

夜半鐘聲到客船。

小故事

張繼在考取進士後，本應有大好前途，但當時爆發了「安史之亂」，很多文人不得不到其他地方躲難。張繼隨友人來到江蘇避難，當時已是秋天了，他乘着客船停靠在蘇州城外的楓橋。他看到月落烏啼、霜天寒夜、江楓漁火、孤舟客子等景象，在欣賞夜色幽美的同時，更多的是感到憂愁。張繼十分懷念以前的時光，不知不覺就睡着了。睡夢中，他被城外寒山寺的鐘聲驚醒，原來已是半夜了，寒山寺的和尚在夜半敲鐘。張繼再也睡不着，便提筆寫下《楓橋夜泊》這首詩。

釋義

月亮落下了，烏鴉在啼叫，寒霜鋪滿江面，天氣異常寒冷。我對着江邊的楓樹和漁船上的燈火，憂愁得難以入睡。

原來已是半夜了，姑蘇城外那清冷的寒山寺有人在敲鐘，鐘聲傳到了船上。

《城東早春》
楊巨源

詩家清景在新春，
綠柳才黃半未勻。
若待上林花似錦，
出門俱是看花人。

小故事

楊巨源在京師長安任職多年，擔任過太常博士、禮部員外郎等職，對長安的春天景象深有體會。他特別喜歡到長安城東邊一帶看春色。還在冬天時，他就常常盼望春天早點來到。當柳樹剛露出嫩黃柳芽的時候，楊巨源就能捕捉到春天的信息。他認為，雖然郊外人煙稀少，但城內很多人也待在家裏，如果到了鮮花爛漫的時候，街頭上、長安城內外各處一定人頭攢動，他們集體出動，你擠我擁，爭相去賞花。楊巨源想着這個情景，寫下了《城東早春》這首詩。

釋義

早春清新美麗的景色，是詩人們最愛，此時柳樹的枝頭嫩葉初萌，淡黃的顏色還沒有均勻。
如果到了像漢代上林苑繁花似錦的時候，外出的人應該都是去賞花了。

晚唐時期

《無題》
李商隱

相見時難別亦難，

東風無力百花殘。

春蠶到死絲方盡，

蠟炬成灰淚始乾。

曉鏡但愁雲鬢改，

夜吟應覺月光寒。

蓬山此去無多路，

青鳥殷勤為探看。

📖 小故事

李商隱是晚唐詩壇一位大家，他創作了許多以「無題」命名的詩歌。他聽朋友講過一個故事，説有位妻子千里迢迢去看望在塞外參軍的丈夫，妻子常年在老家照顧弱小。好不容易見到丈夫，但沒過幾天，妻子就要返回老家了。他們難捨難分，二人都哭成淚人。

李商隱正沉浸在回味中，忽然窗外的東風把臥室的蠟燭吹得東搖西晃。他從故事中緩過神來，心想：已經是暮春了，百花凋零，這個時候最容易令人傷感。李商隱想着剛才的故事，結合自己仕途失意的處境，寫下了這首《無題》。

❓ 釋義

見面的機會本是難得，分別時更是難捨。東風有氣無力地吹着飄零的落花，使人徒增傷感！

春蠶從結繭到死時才把絲吐完，蠟燭要燃燒成灰時才能滴乾像淚一樣的蠟油。

早晨對鏡梳妝，只憂愁髮鬢已變白；夜裏獨自吟詩不睡，應會感到月色清冷。

蓬萊山雖離這兒不太遠，卻無路可達；青鳥啊，可否為我深情地去看望一下我思念的人呢？

《夜雨寄北》
李商隱

君問歸期未有期，

巴山夜雨漲秋池。

何當共剪西窗燭，

卻話巴山夜雨時。

📖 小故事

這首詩創作於李商隱在巴蜀地區做官期間。李商隱自與妻子王氏結婚後便聚少離多,這次李商隱已近四年沒回家,對北方的家人和妻子無比思念。

在一個秋雨連綿的夜晚,河塘漲滿水,李商隱獨自在屋內倚床凝思,想到前幾天妻子的來信,問他何時才能回家團聚。李商隱無奈地嘆了口氣,他因為種種原因還不能離開,團聚遙遙無期。他幻想着:如果現在能和妻子同坐在家鄉老屋西窗下,當面向她訴說此刻的孤獨與思念,以及相見的喜悅,那該多好。

他幻想和妻子就這樣聊一整夜,蠟燭暗了就剪掉燭芯(古時照明都靠蠟燭,蠟燭燒久了火苗會變弱,必須不時剪掉燒焦的燭芯才能使火苗更旺),讓燭火更加明亮。李商隱心想,他要是回到家中,定有很多話要對妻子說,可能一晚也說不完呢!在此情景下,李商隱寫下了《夜雨寄北》,表達他對妻子的深情。

❓ 釋義

親愛的妻子啊,你問我何時回家,我也不知道歸期。此刻巴山夜雨淅淅瀝瀝,雨水漲滿秋天的河池。

如果有一天,我們同坐在家裏西窗下,共剪燭花,相互傾訴今宵巴山夜雨中的思念之情,那該多好!

《登樂遊原》
李商隱

向晚意不適，驅車登古原。

夕陽無限好，只是近黃昏。

📖 小故事

李商隱志向很大，卻得不到重用。為此，他很不高興。
在鬱悶了一段日子後，李商隱決定到京城長安透透氣。
他來到長安，感覺長安城真是繁華，到處都是人。李商
隱喜歡這種感覺。聽説長安城南有一處地勢最高的旅遊
景點，叫樂遊原，很多達官顯貴都到那裏消遣，李商隱
決定去碰碰運氣。

他駕了馬車來到樂遊原，但在那裏忽然高興不起來。別
人都是大人物，自己卻只是個小人物，李商隱顯得自
卑。再看看遠天夕陽快要下山了，李商隱不由得悲從中
來，寫下《登樂遊原》這首詩。

❓ 釋義

每到傍晚時心情就很鬱悶，駕着馬車來到了樂遊原。
夕陽多麼美好啊，只是不久就是黃昏了。

《清明》
杜牧

清明時節雨紛紛，

路上行人欲斷魂。

借問酒家何處有？

牧童遙指杏花村。

📖 小故事

這天正是清明節,杜牧在路上走着,突然下起了小雨。
奇怪,杜牧為甚麼不去避雨呢?原來他剛剛掃墓回來,
由於過度思念已去世的親人,心裏非常難過,根本沒有
心思避雨,任憑紛紛小雨打濕他的衣服。他想:現在要
是能喝點酒來消解憂愁就好了。

正在這時,杜牧看見路旁有個牧童。牧童騎着牛,穿着
蓑衣,戴着斗笠,看上去是當地人。於是他便問牧童:
「小兄弟,這附近有酒館嗎?」牧童想了想,伸手朝遠
方一指。杜牧順着所指方向看去,看到一個被杏花包圍
的村莊,紅杏梢頭,隱約可見一塊布簾子,上面寫了一
個「酒」字。杜牧向牧童道謝,向杏花深處的酒館走去。
杜牧喝完酒,想起今天發生的事,便寫下了這首《清
明》。

❓ 釋義

清明節這天細雨紛飛,路上遠行的人好像失魂落魄一樣
悲傷淒涼。

我借問牧童哪裏有酒家,他指了指遠處的杏花村。

《寄揚州韓綽判官》
杜牧

青山隱隱水迢迢，

秋盡江南草未凋。

二十四橋明月夜，

玉人何處教吹簫。

小故事

杜牧在揚州做官時，認識了同在揚州任職的韓綽，他倆有共同愛好，常常出入各種場合。當時揚州店肆林立、商賈如雲，非常繁華熱鬧。杜、韓二人在一起的日子就更多了，之間有了默契，是形影不離的好朋友。

後來杜牧離開了揚州，去京城長安做官，而韓綽還留在揚州。杜牧來到長安後，常常想起遠在揚州的韓綽。當秋天來臨時，杜牧又一次想起韓綽，他不知道韓綽的生活怎樣，猜想他一定像往日一樣風光，說不定在誰家喝酒吃肉呢。也可能，韓綽早就忘了杜牧這個朋友。懷着調侃的心情，杜牧寫下了《寄揚州韓綽判官》這首詩，希望好朋友不要沉溺於生活的閒逸，要常常想起自己。

釋義

青色的山脈若隱若現，碧綠的江水悠長遙遠。秋天已經結束，可是江南的草木還沒凋零。

二十四橋上，有明月映照着清冷的夜，你現在在何處教導別人吹簫呢？

《過華清宮絕句三首》（其一）
杜牧

長安回望繡成堆，

山頂千門次第開。

一騎紅塵妃子笑，

無人知是荔枝來。

📖 小故事

華清宮是唐代皇帝專門用來遊玩的別宮，倚着林木蔥嶺、花草繁茂的驪山而建，宮殿樓閣聳立其間，宛如團團錦繡。華清宮又稱華清池，這裏有令人強身健體的天然溫泉，最受大美人楊貴妃喜愛。

這一天，清華宮的大門依次打開，都在給一個騎着快馬的人開路。為甚麼呢？原來是給楊貴妃送來她最愛吃的荔枝。楊貴妃剝開一顆圓潤的荔枝放到嘴裏，香甜好吃，露出了滿意的笑容，可是背後的代價卻相當大。

荔枝產於中國南部，距離唐代都城長安城有上千里，那時候沒有快速的交通工具，也沒有能保持水果新鮮的冰箱，楊貴妃想吃新鮮的荔枝該怎麼辦呢？只能派人把剛摘下來的荔枝快馬加鞭地送來，一路上不知累死多少官差和馬匹，才能確保荔枝送到華清宮時還是新鮮可口。唐玄宗這樣做，只為博佳人一笑，是多麼驕奢和昏庸啊！杜牧看到給楊貴妃送荔枝的馬匹飛馳而來，馬蹄揚起陣陣煙塵，感慨下寫了《過華清宮絕句三首》，批評宮廷淫逸的生活。

❓ 釋義

在長安城回頭望去，驪山像一堆堆錦繡，山頂上華清宮的千重門逐一打開。

一匹馬馳來揚起了滾滾煙塵，博得妃子歡心一笑，卻無人知道是因為南方送來了荔枝。

《江南春》
杜牧

千里鶯啼綠映紅，

水村山郭酒旗風。

南朝四百八十寺，

多少樓台煙雨中。

📖 小故事

在杜牧三歲到十七歲時，唐朝由憲宗執政。唐憲宗驕傲自滿，因為在平定淮西等方面有了點成就，就希望能長生不老。他因而大肆宣揚佛教。後來，唐憲宗還是去世了。唐憲宗死後，接連上任的穆宗、敬宗、文宗依舊提倡佛教。一時間，大江南北寺院鼎盛，很多地方都在禮佛、廣建寺院，大大削弱了唐朝政府的實力。

杜牧在這種情況下，來到了現今江蘇的江陰。杜牧來到江陰時是暮春，他看到很多平民因為修建寺廟而怨聲載道，忽然想起當時與北朝對峙的宋、齊、梁、陳等南朝政權同樣大建佛寺，結果不僅沒有強盛，反而很快因為誤國誤民導致滅亡。唐朝千萬不能步宋、齊、梁、陳的後塵啊！杜牧懷着希望勸誡唐朝政權的心情，寫下了《江南春》這首詩。

❓ 釋義

千里江南鶯歌燕語，草木映着花紅，在水村、山外城郭處處飄動着酒旗。

南朝遺留下來的眾多古寺廟，不知有多少被籠罩在細雨迷濛中。

《山行》
杜牧

遠上寒山石徑斜，

白雲生處有人家。

停車坐愛楓林晚，

霜葉紅於二月花。

小故事

這天秋高氣爽，杜牧打算去山中一位友人家裏作客。由於山路崎嶇，馬車顛簸得很厲害，杜牧有些不耐煩地撩開窗簾，不禁怔住了——山中的秋景太美了！山林深處雲霧繚繞，山腰處隱約能看見幾戶人家，裊裊炊煙緩緩升騰，而馬車正經過一片火紅的楓葉林。杜牧連忙向車伕喊道：「停車！」

馬車緩緩停下，車伕以為杜牧不適，忙去攙扶，沒想到杜牧下車後神采異常。他俯身拾起地上一片紅葉，不禁感嘆：這片被秋霜打過的葉子，比春日裏的花兒還要紅艷呢！杜牧舉目遠眺，此時天空也彷彿被這些紅葉染得紅彤彤的，這些楓葉在夕陽照耀下更顯鮮艷迷人。杜牧覺得恍如置身人間仙境，不禁吟出了這首《山行》。

釋義

沿着彎彎曲曲的石頭小路上山，在那白雲飄蕩的山林深處，居然還有幾戶人家。

停下馬車，是因為喜愛這個深秋楓林晚景。楓葉被秋霜染過後，顏色比二月的春花更艷。

《牧童》
呂岩

草鋪橫野六七里，

笛弄晚風三四聲。

歸來飽飯黃昏後，

不脫蓑衣臥月明。

📖 小故事

有一天，呂岩吃過晚飯後出門散步，來到一片寬闊的草地上。當時正值夏天，野草十分茂盛，好像鋪在地上毛茸茸的綠色氈子一樣。突然，一串悠揚的笛聲傳到呂岩耳裏，他尋聲望去，看到一個小牧童騎在牛背上，吹着笛子朝一間茅草屋走去，想必牧童也該回家吃飯了。

呂岩走到一棵樹下休息，沒過多久就看見吃完飯的小牧童從草屋裏跑出來，躺在被月色照耀的草地上，連蓑衣也忘記脫下。今天月色真美啊！牧童望着月亮看了許久，可能是太累，竟然垂着頭睡了。這種清風相伴的生活真令人嚮往。呂岩望着香甜熟睡的小牧童，不禁感慨，一時興起便吟出了這首詩。

❓ 釋義

草原像大被子鋪在地上一樣，放眼望去十分遼闊。晚風中隱約傳來牧童斷斷續續的悠揚笛聲。

牧童傍晚放牧歸來，吃飽飯後連蓑衣也沒脫下，就躺在草地上看空中的明月。

《蜂》
羅隱

不論平地與山尖，

無限風光盡被佔。

採得百花成蜜後，

為誰辛苦為誰甜？

📖 小故事

羅隱二十六歲時，來到京城長安參加進士考試，但連續七年都沒考上。後來，羅隱又斷斷續續地考了幾次，均以失敗告終，他因此灰心喪氣。後來，在一個春天的早上，羅隱來到郊外田野，看到蜜蜂在忙碌地採蜜，同時也看到在田間辛苦勞動的農民。羅隱心想：農民一輩子體力勞動，但最後能得到甚麼呢？哪像京城裏的達官顯貴，他們不勞而獲，豐衣又足食。羅隱心想，蜜蜂不就像這些辛苦的農民嗎？它們辛勤地採蜜，但最後蜂蜜被誰佔用了呢？羅隱為了表達對勞動人民被殘酷剝削的憤慨，寫下了《蜂》這首詩。

❓ 釋義

不論是平坦大地還是高尖山峰，有花之處就有蜜蜂的蹤影。

它們辛苦地採花釀蜜，到頭來又是為誰忙碌、為誰釀造醇香呢？

www.cosmosbooks.com.hk

書　　名 青春古詩意——趣味唐詩60首

作　者 子　陽

繪　畫 鄭　婧

責任編輯 張宇程

美術編輯 蔡學彰

出　　版 天地圖書有限公司

　　　　　香港黃竹坑道46號

　　　　　新興工業大廈11樓（總寫字樓）

　　　　　電話：2528 3671　傳真：2865 2609

　　　　　香港灣仔莊士敦道30號地庫（門市部）

　　　　　電話：2865 0708　傳真：2861 1541

印　　刷 亨泰印刷有限公司

　　　　　柴灣利眾街德景工業大廈10字樓

　　　　　電話：2896 3687　傳真：2558 1902

發　　行 聯合新零售（香港）有限公司

　　　　　香港新界荃灣德士古道220-248號荃灣工業中心16樓

　　　　　電話：2150 2100　傳真：2407 3062

出版日期 2023年7月／初版・香港